심심하게 나이 들 자유

김 상진 시집

베네치아 북스

김 상진 시인

동아문학상 "고속도로가 있는 풍경" 소설 당선
전우신문 문예작품 현상공모 "**어머님의 편지**" 수필 당선
별하문학상 "**결혼기념일 아침**" 시 입선
시집 "**위미, 동백 또 동백**" 출간

e-mail
chr2314@naver.com

블로그
blog.naver.com/chr2314

책 머리에

오랫동안 꿈꾸던 첫 시집을 설레는 마음으로 만난 지 약 2년.
가능하면 생각들을 오래 묵히고 곱씹어 조금이라도 더 깊이 있는 표현, 정확한 문장과 제대로 된 어휘로 두 번째 시집을 준비해야 했습니다.
하지만 글을 쓰는 행위가 주는 행복감, 마음에 한동안 묵혀오던 생각들을 활자로 만들어내는 카타르시스를 차마 거부할 수 없어 덜컥 겁도 없이 또 일을 저지르고 말았습니다.

주위에서 간간이 시를 잘 읽었다며 보내시는 칭찬과 격려에 고무되기도 하였지만, 무엇보다 '한국 예술인 복지재단'의 '창작 준비금 지원 사업'에 선정되어 감사한 마음으로 즐겁게 작업을 준비하고 마무리할 수 있었습니다.
이 정도의 수준으로도 당당하게 시집을 발행할 수 있다는 낯 두꺼운 뻔뻔함도 출간에 한 몫 하였음을 고백하지 않을 수 없습니다.

저의 시를 읽고 많은 분들이 공감해 주고, 함께 고민해가며 생각을 나눈다면 좋겠지만 설령 관심과 사랑이 부족하다 하더라도 섭섭하지는 않을 것 같습니다.
제 나름대로의 묵힌 생각들을 풀어내는 과정에서, 행여 시간이 지나면 사라져 버릴 수도 있는 순간의 소중한 감정들을, 책이라는 수단을 통해 오래 간직할 수 있기 때문입니다.

세상을 제대로 살고 있는 지에 대한 스스로의 물음에 답하며, 세상이 아름다워질 수 있다고 믿는 것 또한 제가 글을 쓰는 이유이기도 하니까요.
첫 시집과 마찬가지로 이번 시집도 저의 일상과 주위에서 흔히 접하는 소재들로 가볍고 쉽게 꾸며보았습니다.
그러나 편하게 읽히지만 하나씩 스쳐가는 무언가는 분명 이야기하고 싶었습니다.

시집을 준비하는 내내 묵묵히 응원해 주며, 언제나 제 글쓰기의 든든한 버팀목이 되는 사랑하는 가족에게 지면을 통해 고마운 마음 전합니다.

2025년 입춘 즈음에
김상진

목차

01
오래 간직하고픈 기억

수수부꾸미	11
아침 운동	12
엄마와 밥	13
고명	14
나는 괜찮다	15
누나와 누님	17
눈대중	18
장인어른	19
김장	21
섬	22
기억한다	23
선수	24
이름값	25

02
나에게 전하는 편지

친구	29
허리디스크	31
거만한 저녁	32
청춘	33
지명수배	34
빛과 소금	35
자유	36
돼지국밥집에서	37

한계령	38
궁금하다	39
콧노래	40
반성	41
훈수	42
나이 드는 것	43
설거지	44
며느리가 된다는 것	45
함께 꽃피우는 집	46
사생대회	47
황지연못	48
숟가락	49
결혼기념일 아침	50

03

세상이 들려준 이야기

월급이 제일 싸다	53
안녕하십니까	54
배달의 민족	55
막장	56
나만 아니면 돼	57
생강나무	58
희망고문	59
맛나 분식	60

목차

03
세상이 들려준 이야기

뜸 들이다	62
심술	63
주거침입죄	64
돌잡이	65
보상금	66
잡초	67
주름살	68
우표 한 장	69
수화(手話)	70
이별에도 예의가 필요하다	71
비상구	73
꽃샘추위	74
틈	75
제야의 종소리	76
단풍	77
첫 차	78
간격	79
휠체어	80
라면의 변명	81
겨울잠	82
가지치기	83
생각보다	84
50원	85

1

오래
간직하고픈
기억

수수부꾸미

아버지가 갖다주신
가벼운 월급봉투 조금 덜어
한 달에 두어 번
큰 맘먹고
엄마는 나를 데리고 시장에 갔다

가족들이 모두 좋아하는
싱싱한 병어 횟감 너 댓 마리
회 비빔밥에 채 썰어 넣을
단단한 겨울 무 한 개
만만하게 저녁상을 책임 지던
콩나물과 두부 한 모도 바구니에 담는다

그러고도
잔 돈 몇 푼 남으면
엄마와 가끔 들르던
시장 골목 수수부꾸미 집

지글지글 소리만으로도 설레던
좁다란 좌판에 나란히 앉아
뜨끈하게 입에 달라붙던
달콤한 팥소 후후 불며
마주보고 벙싯거리던 기억

아침 운동

아침 7시가 되면
어김없이
베란다로 나가서
맨손으로 아침 운동을 하는
여든 살 할머니

십 년째
아침상을 준비하는 며느리는
속으로
'얼마나 더 오래 살려고
저렇게 열심이실까'
못마땅 해하며
불퉁스레 쳐다보지만

사실은 그게 아니다

자식들에게
물려준 것도 변변치 않아
미안하기만 한 이 몸뚱어리
살아있는 동안
짐이라도 되지 말아야 하겠기에

깃털 같은 내 몸 하나
잘 간수해서
자는 잠에 훌쩍 가버리고 싶은 게
여든 살 할머니의 진심인 거다

엄마와 밥

일요일 아침
늘어지게 자고 난 아들이
눈을 반쯤 감은 채
배고프다며 엄마를 찾는다

대뜸
갱년기 엄마의 잔소리
"너는 엄마가 밥으로 보이니?"

순간
아들은 당황하지만
엄마 말이 맞았다
엄마는 바로 밥이다
한창때의 아들에겐
밥이 곧 엄마인 거다

고명

국수는
고명이 절반이라는
어머니 말씀 생각나
멸치육수 진하게 우려 내
쫄깃한 면발 담아 놓고
그 위에 색색깔로 맛을 내는
고명 듬뿍 올려
그럴싸하게 한 그릇 만들고 보니

살아가면서 이렇게
고명 같은 사람이 되어야겠다 싶던
허기진 밤이
잔치국수 앞에 놓여 있었다

나는 괜찮다

우리 어머니
늘 하시는 말씀
나는 괜찮다

가끔씩
안부 전화드릴 때면
손주들 잘 있는지 묻고는
그러면 됐다
나는 괜찮다 하신다

바깥 날씨 쌀쌀해져
안방에 보일러는
제대로 켜고 지내는지 여쭤보면
애들 방 따뜻하게 해줘야
키도 많이 큰다며
나는 괜찮다 하신다

한여름 더위에
입맛이 떨어질 때쯤
식사라도 제대로 챙겨 드시는지
걱정되어 전화하면
이럴 때일수록
우리 새끼들
잘 챙겨 먹여야
병치레 안 한다며
나는 괜찮다 하신다

아직
한참이나 젊은 우리도
괜찮지 않은 적 많은데
아흔 넘어 몸 성하신 곳 없으련만
늘 괜찮다고만 하시는
우리 어머니

누나와 누님

엄마는
내가 결혼을 한 이후로
이제 서로 나이도 들었는데
누나 보고 누님이라고 부르는 게
어떻겠냐고 몇 번이나 얘기했다

하지만 나는
엄마의 요청을 듣고도
한 번도 누님이라 부르지 않았다
누님이라는 단어가
도무지 입에 붙질 않는 거였다

누나라는 정겨운 단어를 두고
거리감 드는 누님이라는 말을
굳이 써야 하는지
여전히 이해가 가질 않았기 때문이다

눈대중

엄마의 살림살이에는
계량컵이 필요 없다
무심코 한 줌 집어
툭 털어 넣으면
그게 바로 맛이 된다

한평생
덜어내고 집어넣으며
맞춰 온 인생
눈대중으로 살아온
적당한 비밀

장인어른

고등학교를 마치자마자
둥지를 떠나 서울로 가버려
늘 애처롭기만 했던
셋째 딸아이가
먼 남쪽 지방으로 시집을 가게 되자
결혼식 전 날
서럽게 우셨다던
장인어른

자식들 일곱을 키우면서도
목소리 높여 혼내거나
이래라저래라 하신 적 없고
뒤에서 조용히 지켜보셨다던
장인어른

결혼 후
가끔씩 찾아뵙고
좋아하시던 약주 나누며
밤늦도록 앉아 계셔도
자세 하나 흐트러지지 않고
얼굴색 변한 적 없으셨던
장인어른

살아생전
전혀 그러지 않으셨던 성품이

뭐가 그리 급하셔서
서둘러 하늘나라로 가셨는지
함께 했던 시간들이
몇 년 남짓이어서
아쉬움 가득한데

나이 예순을 넘겨 돌아보니
여전히 성마르고
몸가짐 또한 자발스러워
아무리 가늠해 봐도
장인어른에 비해
한참 모자라게 나이 들어가는
서글픈 내 모습

김장

해마다
12월이 되면
바빠지는 엄마의 손길
올해도 넉넉잡아
배추 150포기 정도는
준비해야 될 것 같다며
멸치 젓갈에 김장 무
청각이랑 태양초 고춧가루를
틈틈이 챙겨 두신다

명심해라
올겨울도 너희들이
우리 여섯 식구 책임져야 한다

섬

사흘에 한 번
연락선 드나드는
신안군 자그마한 섬 소금도

다섯 가구 노인네 여섯 명 모여
헛헛한 날들 보내는 그 섬에
이태 전 남편 보낸 뒤
서울로 와서 함께 지내자는
자식들의 성화 뿌리치고
꿋꿋이 홀로 지내는 복순 할머니 계신다

언제나 이른 저녁을 드시곤
귀가 좋지 않아 잘 들리지도 않는
TV는 저만치 밀어두고
등대조차 없는 그 섬에서
먼저 간 남편이
행여 집이나 제대로 찾을까 싶어
툇마루 희미한 백열등 하나 켜놓고
바스락대는 밤을 맞는다

기억한다

애들 어릴 적
길 가다가
맘에 드는 것
먹고 싶은 것
사달라고 떼쓰던 것
다 기억한다

살면서
조금씩 여유가 생길 때
예전 기억 떠올리며
하나씩 해주면서 살았다

이제는
애들 하고 같이 다닐 때
여기 가고 싶다
저것 먹고 싶다
지나치며 했던 말
애들이 다 기억해서
조금씩 우리에게 해주며 살고 있다

선수

엄마는
내돌리기 선수다
누나가 갖다 준 단감들은
내가 가면 쥐여주고
내가 택배로 부친 두유는
형이 오면 손에 들려 보내고
형이 명절 때 드린 간고등어는
누나 집으로 간다

그러고도 남는 것이 있으면
경비실로
아래윗집으로
혹은 택배아저씨 손을 거쳐
서로 간에 모자란 정(情) 나누자고
부지런히 내돌리기 하고 계신다

이름값

장모님을 모시고 간
생선구이 집에서
노릇노릇 구워져
고소한 냄새 풍기는 갈치구이
상에 오르면
얼른 한 토막 챙겨
장모님 앞접시에 놓아 드린다

옆에서 보고 있던 아내는
앞접시에 놓인 갈치 살
살뜰히 발라
한 점 두툼하게 숟가락에 올려 드린다

식사를 마치고 나와
바로 옆 슈퍼마켓에서
장모님 좋아하시는
막대 아이스크림을 사서
내가 얼른 장모님 손에 건네드릴 때
옆에서 보고 있던 아내는
아이스크림 봉지를 벗겨
손에 꼭 쥐어 준다

딸과 사위라는
보이지 않는 이름값의 차이

2

나에게 전하는 편지

친구

밥 한 끼
같이 먹었다고
친구가 되는 건 아니다
술자리 함께 앉아
지난 시절 곱씹으며
맞장구쳐준다고
친구가 되는 건 더욱 아니다

함께 사는 식구들
안부쯤은 물을 줄 알고
요즘은 무슨 고민으로
밤잠을 설치는 지
정도는 알아야
친구라고 할 수 있다

문득 외롭다고 느껴질 때
어떻게 알아차리고는
짐짓 보고 싶어 전화했다며
소주나 한잔하자고
가볍게 다가올 수 있어야
또한 친구라고 할 수 있다

때로는 친구가
능력보다 더 큰 기회를 잡더라도
덕이 있어 그런 거라며

기뻐해 줄 줄도 알고
우연한 행운이라도 맞을 때면
전생에 복을 많이 지었나 보라며
진심으로 축하해 줄 줄 알아야
진정한 친구인 거다

살다 보면
자기보다 잘 풀린 친구가
가끔 부러울 수는 있어도
만약 조금이라도
질투가 난다면
친구로서 자격이 없는 것이다

감히
친구라고
자신 있게 말할 수 있는 이
곁에 몇 명만 있어도
행복한 사람임에
틀림없다

허리디스크

병원에서
허리디스크 진단을 받았다
땅바닥에
금붙이가 떨어져 있지 않는 한
허리를 굽히지 말라 한다

잘 됐다

각다분한 세월 견뎌오느라
숱하게 허리 숙이며 지냈던 날들
더 이상 그렇게 살지 않기로 했다

고맙다 아픈 허리

거만한 저녁

며칠째 애먹이던
시(詩)를 한 편
맘에 들게 끝내고 나면
알아주는 이 아무도 없지만
혼자 괜히 뿌듯해진다

이런 날은
막걸리 대신
값싼 와인이라도
한잔해야겠지

의자를 한껏 뒤로 젖히고
다리는 책상에 올려둔 채
까베르네 소비뇽을 마시며
베토벤의 에로이카를 듣는
아주 거만한 저녁

나는 그럴 자격이 있다

청춘

아버지가 입다 물려주신
빛바랜 가죽점퍼를
말표 구두약으로
광택 한 번 내주고
자랑스럽게 입고 나갔던
친구 모임

구멍 난 바지 주머니 속으로
한겨울 냉기보다
가난이 먼저 들락거리던
서럽던 시절이었지만

달달한 다방커피 홀짝이며
청춘이 얼마나 소중한 지 모르고
사랑에 심하게 아파 볼 여유도 없이
모여 앉으면
마냥 즐겁기만 하던
스무 살들이 낄낄대고 있었다

지명수배

시골 읍내
파출소 옆 게시판에
생각보다 험상궂지 않은 얼굴들이
크고 작은 범죄를 저지르고
나란히 걸려
사람을 찾고 있다

그들을 기억하는
누군가에 의해
찾아져야만 끝날
아슬아슬한 숨바꼭질

내가 만약
저 자리에 붙어 있다면
나를 기억해 찾아내 줄 사람
몇이나 될까 싶어
한 번쯤
간절히 지명수배 당하고 싶던
어느 뜨겁던 여름 날

빛과 소금

울적한 마음에
무심히 흘러가는 강물만
하염없이 바라보며
나는 여태
세상의 빛과 소금 한번
되어보지 못한 채
초라하게 나이 드는가 싶어
자책하며 걷다가

발에 걸리는 돌부리에
문득 한번 차이고 보니
그나마
남에게 돌부리 되지 않고 살아온 게
어딘가 싶어
조금은 위로가 되던 산책길

자유

머리가 복잡하거든
가끔씩 비행기를 타라

방해받고 싶지 않거든
누구든 비행기를 타보라

휴대전화 비행모드를 작동시키고
우주로 떠나보자

이제 잠시 세상과 단절된다
더 이상 나를 찾지 마라

이미 그곳에 없는 사람
나는 완전한 자유다

돼지국밥집에서

지하철 동래역 4번 출구
단골 돼지국밥집에
고향 친구 네 명이 모여
얼마 전 정년퇴직한 친구의
만기 출소를 축하하기 위해
차가운 두부 대신
뜨끈한 돼지국밥에 소주를 나누며

청춘을 바친 그곳으로
다시는 돌아가지 않아도 된다고
고생 많았다며
연거푸 건배를 했건만

술자리가 길어지고
혀가 점점 굳어갈수록
이제 어디로 가야 하는지
어떻게 살아야 하는지
도저히 모르겠다며
허탈한 웃음 짓는 그 친구에게
마땅하게 해 줄 말이 없어
다들 고개를 떨구고
옹송망송한 채
차가워진 국밥 뚝배기만
내려다보고 있었다

한계령

동서울 터미널에서
동해로 가는 시외버스를 타고
인생처럼 굽이치는
한계령을 넘다가
설악을 올려다보는 데
난데없이 눈물이 왜 나던 지
도무지 알 수 없었다

서러움도
그리움도 없이
눈물이 날 수 있다는 걸
그때 알았다

마침 나는
멜라니 사프카를 듣고 있었다

궁금하다

서울역 대합실로 들어서는
출입문이 미처 닫힐 새도 없이
쉼 없이 드나드는 사람들이
어디를 그렇게
바쁘게 오가는지
물어볼 용기가 없었고

바로 옆 계단 밑에는
갈 곳 없고 찾는 이 또한 없는
한무리의 노숙인들이
왜 거기 앉아 남들처럼
쉽게 오고 가지를 못하게 되었는지
물어볼 용기 또한 없었다

다만
무척이나 궁금할 뿐이었다

콧노래

일당 8만 원짜리
아르바이트를 마치고
작업복을 갈아입으러
서둘러 탈의실로 가다가
나도 모르게 터져 나온 콧노래

옆을 지나치던 동료가
콧노래 정말 오랜만에 들어본다며
무슨 좋은 일이라도 있냐고 묻길래
열심히 노동해서 돈 벌어
가족이 기다리는 집으로
당당하게 돌아가는 것 이상
더 즐거운 일이 어디 있겠냐며
슬쩍 미소를 지어 보일 뿐이다

반성

잘하는 것 하나 없고
치열하게 살지도 못했던 내가,

평생 아마추어처럼 살며
어설프게 나이 들어가는 내가,

힘겹게 걸어왔던
그 길 뒤로는
부디
따라오는 이 아무도 없기를
간절히 기도하며
매일 반성하고 있다

훈수

내 앞길
제대로 보지 못할 때
누군가가 알려주는
새로운 길
때로는
옆에서 보다 보면
더 잘 보일 때가 있다

나이 드는 것

사는 게 힘들지만
오롯이 참아내는 것
그럼에도
얼굴에 드러내지 않는 것

지나간 사랑 따위
쉽게 잊는 것
그럼에도
함부로 상처받지 않는 것

한 번도 가보지 않았던 길
돌아보지 않는 것
그럼에도
미련 두지 않는 것

오지 않은 미래에
섣부른 희망 걸지 않는 것
그럼에도
묵묵히 하루를 견디는 것

산다는 것에
애써 의미를 두려고
호들갑 떨지 않아도 된다는 것

설거지

배불리 저녁을 먹고
드라마 좋아하는 아내를
TV 앞으로 보내고는
싱크대에서 정성껏
뽀득뽀득 그릇을 닦고
행주 꽉 짜서 탈탈 털어
선반 위에 널어 놓으면
설거지가 끝난다

결혼 몇 달 만에
저녁마다 식사 준비와 설거지를 하며
평생 이 일을 해야 한다는 생각 문득 들어
왈칵 눈물이 났다던 아내

어느새
철이 든 남편은
자연스레 설거지를 도맡아
지난날을 반성하며
그릇에 묻은 과거를 닦아내고

아내가 좋아하는
녹차 팔팔 끓여 우려내어
사과 한 접시 슬며시 옆에 놓아두면
슬쩍 눈길 한번 주고는
이내 연속극에 빠져
함께 사는 남편은
한동안 현실에 없는 사람이 되고 만다

며느리가 된다는 것

누군가의 집안으로
맞아들여진다는 것

가족들 중
유일한 다른 성씨를 가진
구성원으로 살아야 한다는 것

그 집안을 이어 갈
새로운 생명을 잉태한다는 것

가풍이랍시고
친정과는 사뭇 다른
방식들을 받아들여야 하는 것

오래 살다 보면
절반쯤 닮은 내 새끼들이
집안을 대신해
나를 조금씩 알아준다는 것

언젠가부터
나름 새로운 가풍을 만들어
판을 바꿔볼 수도 있다는 것

그럼에도
맞아들여지는 것과
받아들이는 것의 의미를 알기까지
시간이 한참이나 걸린다는 것

함께 꽃피우는 집

이름 한번 사랑스러운
대학로 뒷골목
'함께 꽃피우는 집' 앞을 지나다
바구니 속에서 오복소복
함박웃음 짓는 꽃들을 보며
울적했던 마음이 달아났습니다

새벽 양재동 꽃 시장에서 사 온
싱싱한 꽃들을 한 무더기 펼쳐놓고
침봉에다 정성껏 꽂으며
흡족한 표정 짓는
꽃집 사장님을 보며
덩달아 기분도 좋아졌습니다

제아무리 아름다운 꽃이라도
스스로 일어설 수 없으면
저렇게
세워줘야 하나 봅니다

제아무리 향기로운 꽃이라도
혼자서는 미약하니
함께 뭉쳐줘
널리 퍼지게 해야 하나 봅니다

사생대회

국민학교 시절
해마다 봄이 되면
가까운 곳으로
사생대회를 갔다

내가 가진 건
달랑 도화지 한 장

얼마 전 새로 산
24색 크레파스를 손에 쥐고
신나게 색칠하다
제출 시간이 되어
문득 정신을 차려 그림을 살펴보니
도무지 맘에 들지 않는다

하지만
어쩔 수 없다
지울 수도 고칠 수도 없다

애당초
정신 바짝 차려야 했다
색감의 유혹에
넘어가지 말아야만 했다

황지연못

이 자그마한 물줄기가
한 번 흐르기 시작하니
천리를 넘게 달리는구나
그렇게 넓어질 줄
그렇게 멀리 갈 줄
미처 몰랐다

망설이지 말자
지금 내딛는 한 발이
가다 보면
어디서 무엇을 만나
얼마나 큰 걸음 될지
아무도 모를 일이니

숟가락

어느 시인의 시(詩)를 읽다가
다음 생에는 연탄으로 태어나
한 번이라도 누군가를
따뜻하게 해줄 수 있으면 좋겠다는
생각을 한 적이 있었다

그런데
아침밥을 먹다가 문득
하루 세끼 꼬박
아무 군말 없이
따순 밥 남의 입에 넣어주는
숟가락으로 태어나는 것도
괜찮겠다는 생각이 들었다

결혼기념일 아침

그렇게 멀리 있는 줄 몰랐다
누군가가 나에게
별을 따다 달라고 얘기하기 전에는

그냥 쉽게 따는 것인 줄 알았다
별을 따러
길을 나설 때까지는

무려 30년 전의 약속
까짓것 뭐 그리 힘들겠냐고
호기롭게 얘기하던 청춘이
가리키던 그 별은

강산이 몇 번 바뀌도록
주인을 만나지 못해
눈빛은 총기를 잃었고

함께 늙어가는
곱던 내 아내
별 타령 잊은 지 오래
하늘 올려다보는 일조차 드물다

별다를 일 없는
그저 그런 결혼기념일 아침

3

세상이
들려준
이야기

월급이 제일 싸다

저녁 장을 보러
근처 마트에 다녀온 아내가
장바구니를 털썩 내려놓으며
한숨을 쉰다

'세상에나
안 비싼 게 하나도 없어
장 보기가 무서워' 라고 할 때

내가 생각해 낸
세상 가장 싼 것 하나
바로 내 월급

문득 뒤통수가 따갑다

안녕하십니까

누군가에게
'안녕하시냐'는 말 들을 때마다
난감할 때가 있다

학생들이
행복하지 않은 학창 시절을
보내야 하고

젊은이들은
월세방에 지내며 아르바이트로
생계를 꾸리기 급급하며

신혼부부들은
둘이서 사는 것도 버거워
출산을 미루게 되고

급기야
정년퇴직을 하고 나서도
밥을 벌러 새벽을 나서야 하는 오늘

비록 내가
그 현실에서 잠시 비켜서 있다고
감히 안녕하다고 말할
자격이 있단 말인가

배달의 민족

요즘은
시골 읍내에도
배달의 민족이 뜬다

누구 하나 바쁠 것 없이
한적한 장터 골목
오직
배달의 민족만
요란스럽게 오가는 거리를

내가 바로
배달의 원조라며
낡은 이층 건물
창문 빼꼼 열고
물망초 다방 마담 언니가
짙은 화장 속 늙수그레한 얼굴로
가소롭게 내려다보고 있다

막장

감히
막장이라고 말하지 마라

수 백 미터 아래
수직과 수평의 어설픈 조합들을
희미한 작업등으로 더듬어 내려가야
비로소
숭고한 땀방울들의
번들거림이 보이는 곳

서러운 인생들 어우러져
반짝이는 눈망울과
유난히 하얀 이빨로
더러는 오지 않은 내일을 이야기하며
적어도 우리 자식들은
밝은 곳에서 허리 펴고
일하며 살 수 있도록
고단함 무릅쓰고 버텨내는 곳

식은 도시락으로 배 채우며
쉼 없이 찍어대는 곡괭이 끝에
딸린 식구들의 밥이
아슬아슬 매달려
애달픈 희망을 감추고 있는 막장

나만 아니면 돼

다들 웃으며
아무렇지도 않게
어쩌면
내가 걸릴 수도 있는
아슬아슬한 게임을 하고 있다

내가 아는
세상 가장 이기적이고 잔인한 게임
'나만 아니면 돼'

생강나무

혹시
지금 나가면
얼어 죽지 않을까
염려하며 꽃피우는
생강나무는 없다

아직
모든 것이 잠든 채
소소리바람만 오고 가는
3월의 비탈에 서서
용감하게 한 발을 내디디며
꽃샘추위 더러 선전포고를 한다

너무 두려워 마라
머지않아
노랗고 붉은 머리띠를 한 아군들이
떼로 몰려올 것이니

희망고문

'잘될 거야
걱정하지 마'라는
근거 없는 위로의 말
바라지 마라

시련은 희망보다
반 발쯤 빠르게 움직이거든

지금 가지 않으면 도착할 수 없고
지금 하지 않으면 이룰 수 없어

시련에
따라 잡히지 않으려면
지금 움직여야 하고
부질없는 희망에
오늘을 맡기지 말아야 해

맛나 분식

골목시장 입구
30년 전통의 맛나 분식에는
학위는 없지만
떡볶이 박사님이 계신다

마흔도 채 못되어
남편 잃고
새끼들 먹여 살리느라
무작정 시작했다는
2평 남짓 가게

일이 서툴러
무던히도 애먹고
수시로 눈물 바람이었건만

이제는
좁은 공간을
자유롭게 움직이며
어묵 국물을 끓이고
맛있게 매콤한 떡볶이를 젓다가
순대도 한 움큼 푼푼하게 썰어낸다

자식들 키우느라
세월이 어떻게 흘렀는지 모르고
멀쩡한 곳 하나 없는 몸 되었지만

변함없이 찾아주는 손님들에게
그동안 졌던 빚 갚아야 한다며
남들 다 가는 꽃놀이 대신
달달한 믹스커피로
졸린 오늘을 앙버티고 있다

뜸 들이다

부엌의 달그락 소리가
평화로운 일요일 아침
밥솥에선
쉬~익 김빠지는 소리와 함께
뜸 들이기를 시작한다

서두르지 않고
속속들이 무르익기를 기다려 주는
적당한 시간

오늘도
맛있게 익어가는 법을
밥솥에게 배운다

심술

사촌이 논을 사면
왜 배가 아파야 하나
농사가 잘 되면
쌀이라도 한 됫박 줄 것이고
하다못해
먹을 것 없다고
꾸러 오지는 않을 것 아닌가
사촌지간에도 그럴진대
얼마나 많은 지인들에게
그렇게 시새우며
속 좁게 한평생 살아가려는가

주거침입죄

이른 아침
뒷산을 오르다 보면
거미줄이 얼굴을 덮쳐
떼어내느라
성가실 때가 있다

거기다 집을 짓고
먹이를 기다리며
초조한 밤 보낸 거미에게는
죄(罪)가 없다

언뜻
사람만 다니는 길로 보이지만
거미가 먼저 들어와
살고 있었던 거다

오히려
내가
주거침입죄를 저질렀다

거미에게 미안하다

돌잡이

왁자지껄
어수선하던 분위기가
단숨에 제압되는
돌잡이 시간

예외 없이
판사봉과 청진기
신사임당과 마이크가
실타래 옆에 나란히 앉아
어서 잡아 주길 기다리며
앞으로 달려 나올 기세다

호기심 어린 눈들이
애타게 아이의 손을 따라다니다
비로소 선택되는
불합리한 미래

제각각 반응에
또 한 번 어수선해질 때
푸짐한 돌상 위에서
알록달록 그림책은
잔뜩 주눅 들어 하객들 눈치만 살피고 있다

보상금

아르바이트를 마치고
고단한 몸 누일 원룸에서
즉석밥에 엄마가 보내준 묵은 김치로
가벼운 저녁을 먹으며
TV를 보던 청년

며칠 전 발생한 붕괴사고로
사망한 노동자의 보상금이
일억 오천만 원으로
결정되었다는 뉴스를 보며

차라리 자신이
사고를 당한 당사자가 되었다면
시골집에서 받아온 보증금이랑
부모님이 농협에서 대출받은 빚이라도
갚아드릴 수 있지 않았을까 싶어
밥을 씹는 내내
입이 쓰고 목이 막혔다 한다

잡초

꽃샘바람 끝에 파고드는
한낮 따스한 햇살에
숨죽여온 생명들이 하나 둘
길을 나설 준비를 할 때
초대장도 없는 하객(賀客)이
먼저 나서 자리를 잡는다

중심(中心)을 노리며
호시탐탐 기회를 엿보던 녀석은
머리채 잡혀 수없이 뜯겨 나간 시간을
용하게 버텨왔구나

땅속에 숨어
오히려 내공을 키울 수 있어
겨울 추위 정도야
힘들지 않았던 녀석은
더 이상 두려움 따윈 없다

때가 되면 불쑥불쑥
또 어디 한번 해보자고
겁 없이 뚜벅뚜벅 다가오는
정말 무서운 녀석이다

주름살

왜들 그러시는가
평생을 걸어온 이 길이
뭐가 그리 못마땅해서
비싼 돈 들여
애써 지우고 펴느라
난리들인가

버티고 부대끼며 살아온
자랑스러운 역사 위에
무얼 그리
덮어씌우고 가리느라
열심이신가

우표 한 장

낡은 우체통 앞을 지날 때
여전히 마음이 설렌다면
우표 한 장의 가치를 알고 있는 사람이다

손으로 꾹꾹 눌러
누군가에게 그리움을 전하고
하염없는 기다림도 마다하지 않는 사람

혹은
상처받은 마음 나누며
위로를 주고받는 순간이
얼마나 행복한 지

자그마한
우표 한 장의 소중함을
너무나 잘 알고 있는 사람인 것이다

수화(手話)

손으로 그리는
아름다운 말
세상을 이어주는
간절한 표정

고요하지만
크게 울리는 손짓에 실어
함께 나가자는
분주한 몸부림

이별에도 예의가 필요하다

정녕
돌아서야 한다면
함께 한 시간보다
더 오랜 고통을 견딜
각오가 되었다는 것이다

한때는
누군가의 모든 것에서
아무것도 아닌 것으로
자리를 비워줄
준비가 되었다는 것이다

잊힌다는 것에 동의한다면
받아들여야 한다

서로 나누었던 마음
돌려주지 않으면 오래 남아
혹여 상처가 될 정(情)들은
곱게 접어서 보내주고
돌아서야 한다

다정하게만 여겨졌던
손짓과 미소는
좋은 기억으로만 간직하고
뒤돌아서야 한다

그러고도
한참이나 아픔으로 남아
멈칫 멈칫 뒤돌아볼 사랑이어서
두 번 다시 부를 수 없는 이름이어서
예의를 차리고
정중히 이별을 보내줘야 한다

비상구

가다 보면
이 길이 아닐지도 몰라

혹여
맞다고 하더라도
나가는 문이 없을 지도 몰라

그럴 때
비상구가 필요한 거야

평소에는 열지 않고
굳이 열 필요 없는 문이지만
하나쯤은 가지고 있어야 하는 문

그래도
비상구는 자주 열지 않는 게 좋을 거야

꽃샘추위

꽃샘추위는
겨울의 마지막 자존심이다

낙엽 위로
새하얀 눈 덮고
어깨 다독이며
함께 버텨오던 시간들과
흠뻑 정(情) 들어버려
아쉬운 마음에 머뭇거리며
가끔 심술도 부려보지만

산 아래에선
목련꽃 봉오리가
움트기 시작했다 한다

산허리 붙들고
숨죽여 지내던 생강나무마저
연노랑 꽃잎들을
실바람 속으로 내밀면

이제 자존심 버리고
떠나갈 때가 온 거다

틈

틈을 보이지 말라고
다들 얘기합니다만
빈틈이 없으면 매력이 없잖아요

돌담도
조금 허술하게 쌓아야
쉽게 무너지지 않거든요

세상의 틈바구니에
끼어 살아가자면

우리 마음의 틈새도
바람이 지나갈 만큼은
열어두고 살아야 할까 봐요

제야의 종소리

호들갑 떨 것 없다

보신각 앞
10만 인파가 모여
한목소리로
33번의 아쉬움을 내뱉어 봐도
내일은 쉽게 오고 만다

오늘에게
떳떳한 사람은
내일이 두렵지 않다

오직
종소리 끝에 매달려
조금이라도 더 멀리 날아갈
마음만 다잡고 있을 뿐

단풍

떠나기 싫어
보내기 아쉬워
가지 끝에 매달려
뜬눈으로 지새며 서로 몸 비비느라
빨갛게 충혈되어 버린 눈

첫 차

새벽 5시 5분에
안창마을을 출발하는
마을버스 첫 차를 타 본 사람은
간절함을 안다

눈꺼풀에 붙어 애원하는
잠을 뿌리치고
그 버스에 올라야만 하는
이유가 있기 때문이다

무섭게 오르는 물가와
공과금의 습격을 피할 수 없어
점심 한 끼 해결해 줄
가벼운 도시락을
오늘이라는 무거운 배낭에 지고
하루를 어떻게 버텨야 할지 고민해야 하고

배차시간에 쫓겨
심하게 흔들리는 버스에서
어깨가 부딪히거나 발등이 밟혀도
그까짓 것 하며
이 세상 살아가는 거 비하면
아무것도 아니라는 듯
무심히 웃어넘기는 법도 배워야 한다

간격

강아지를 데리고
산책을 나온 부부가
벤치에 앉아 잠시 휴식을 취하는 사이
강아지도 어느새 폴짝 올라와
나란히 앉아 있다

가방을 부스럭거리며 생수를 나눠먹는
부부의 손길만을 뚫어지게 쳐다보며
간절한 눈빛을 보내자
아주머니는 가방에서 간식을 꺼내
벤치에 올려놓고는
'기다려' 한마디 한다

간식과 아주머니를 번갈아 보며
안절부절못하는 강아지에게
잠시 후
'먹어'라는 명령이 떨어졌다
냉큼 집어 맛있게 먹는
강아지에게
'기다려'와 '먹어'의 간격은
과연 얼마나 될까

휠체어

밤새
소복이 눈 쌓인 쓰레기 수거 장 옆
누군가 두고 간 낡은 휠체어 하나
헐벗은 나무에 덩그러니 기대어
반쯤 눈에 덮인 채 쓸쓸히 서 있다

누군가
그 위에 올라앉고
또 누군가는
분명 그 뒤를 밀었을

그리고
그 뒤를 밀던 누군가가
다시 그 위로 올라앉고
또 다른 누군가가
뒤를 밀었을 낡은 휠체어

씩씩하게 버티며 지켜오던 자리
선뜻 내어준다는 것
쉽지 않은 일이지만
돌고 도는 운명을
함박눈에 슬쩍 덮어 두곤
서서히 세상과 작별하는 중이다

라면의 변명

왜
실컷 배부르게 먹고는
한 끼 때웠다고 하는가

지금 이 시간
무수한 허기진 영혼들이
소중한 한 끼를 위해
라면 봉지를 뜯으며
행복한 미소를 짓지 않는가

라면은 억울하다
더 이상 때우는 존재가 아니다
언제 어디서든
뚝딱 끓여 내어 놓기만 하면
별미가 되고 요리가 되기도 하는
무엇보다
든든한 한 끼가 되는 것이다

겨울잠

겨울이라고
다들 잠만 자는 건 아니다

나무도 몸을 접고
기다림을 배우고
뱀들도 잔뜩 웅크린 채
마음을 가다듬는다

눈에 보이지 않을 뿐,
보이지 않는 것이 더 치열한 법

지루한 동안거(冬安居) 끝나면
머리맡에 두었던
화두(話頭) 내려놓고

나무도
뱀들도
호기심 많은 봄마저도
얼었던 땅 밖으로
조심스레 한 발씩 내 놓을 것이다

가지치기

어떻게 알았을까, 나무는
끊어내지 않으면
위로 뻗을 수 없다는 걸
덜어내지 못하면
오히려 자신이 부러진다는 것을

세상 돌아다닌 적 없이
한평생 땅만 밟고 서 있는 나무는
때로는 몸 낮춰 비바람 피해 가며
버리고 가볍게 살아가는 요령을
도대체 어디서 배웠을까

생각보다

왜 먼저 판단하는가
왜 앞서서 생각하는가

생각보다 좋으면
이것보다 더 나쁠 것으로
예상했다는 것이고
생각보다 나쁘면
이것보다 더 좋을 것으로
기대했다는 것이다

'생각보다'는
좋은 표현이 아니다
앞선 생각과 기대가
늘 우리를 힘들게 하기 때문이다

50원

요즘은
구경하기도 쉽지 않은
50원 동전으로
무얼 할 수 있을까 생각하다
무심히 켜 둔 라디오 프로그램에서
문자 한 통 보내는 데 50원이라는
반가운 소리가 들린다

그렇구나
나를 남에게 이어주는
소중한 문자 한 통의 가치가
50원에게 아직 남아있구나 싶어
얼마나 마음이 놓였던 지 모른다

에필로그

아쉽고 후련한 마음으로 출간을 뒤돌아봅니다.
만족할 수는 없으나, 수차례 곱씹으며 퇴고를 하였으므로 후회는 없습니다.
저의 역량에 맞게 최선을 다하였으며 이제 독자들께 매 맞을 준비는 끝났습니다.

요즘 저의 일상이 다소 반복적이고 단순합니다.
일부러 가볍게 살고자 자초한 탓이지요.
하고 싶은 일을 다하며 살지는 못해도, 적어도 하기 싫은 일은 안 하고 살려고 합니다.
그러다 보니 마음도 편하고 자유롭습니다.
조금 심심한 가운데 더없이 행복해지는 훈련을 하는 중이니까요.

이제는 저의 내면과 싸우며, 고뇌하고 갈등하는 시간을 더 많이 가지려고 합니다.
그러다 보면 글 속에서 흔적이 남게 되겠지요.

얼마 전 둘째 딸아이까지 제 짝을 찾아 둥지를 떠났으므로, 오붓한 부부만의 시간도 즐기고 멀지 않은 곳에 살고 있는 자식들과 자주 얼굴 보며, 가족의 소중함도 깊이 새기며 지내려 합니다.
요즘 한창 재롱 피우는 첫째 손주 녀석에 이어 과연 둘째는 언제쯤 볼 수 있을까 기대하며, 별 일없는 하루를 감사한 마음으로 맞고 있습니다.

천성산 아래 공기 좋은 곳에서 노모를 모시며 행복하게 지내고 있는, 제 글의 귀하고 든든한 독자인 누나의 노고에 죄송하고 고마운 마음을 전합니다.

조금이라도 더 나은 글을 쓸 수 있도록 수시로 독려하는 소설가 김 득진형에게도 늘 감사한 마음 잊을 수 없습니다.

모두가 함께 잘 사는 세상을 늘 꿈꾸며, 제 주위의 지인들께서 보내주시는 고마운 관심과 사랑 가슴 깊이 간직한 채 묵묵히 앞만 보고 주어진 길을 걸어가겠습니다.

심심하게 나이 들 자유

발행일 2025년 02월 18일
지은이 김상진
펴낸이 윤혜숙
펴낸곳 (주)피오디컴퍼니
출판등록 2013년 7월 29일(제2013-000051호)
주소 서울시 용산구 청파로47 나길 7 청파프라자 3층
전화 02-715-4857
팩스 02-715-0216
이메일 podcompany1@gmail.com
www.podcompany.kr

ⓒ 김상진 2025
ISBN 979-11-91463-10-1 (03810)

가격 10,500원

이 책은 저작권법에 의해 보호를 받는 저작물이므로 무단전재와 무단복제를 금합니다.
이를 위반 시에는 형사/민사상의 법적책임을 질 수 있습니다.

*베네치아북스는 피오디컴퍼니의 단행본 브랜드입니다.